Benjamin Küster

Raumordnungsverfahren anhand des Beispiels "Geplante Erdgasfernleitung Lauterbach – Scheidt der Firma E.ON Ruhrgas AG, Essen"

GRIN Verlag

Bibliografische Information der Deutschen Nationalbibliothek:

Die Deutsche Bibliothek verzeichnet diese Publikation in der Deutschen National-
bibliografie; detaillierte bibliografische Daten sind im Internet über http://dnb.d-
nb.de/ abrufbar.

Impressum:

Copyright © 2006 GRIN Verlag GmbH
Druck und Bindung: Books on Demand GmbH, Norderstedt Germany
ISBN: 978-3-640-83888-2

Dieses Buch bei GRIN:

http://www.grin.com/de/e-book/167516/raumordnungsverfahren-anhand-des-bei-
spiels-geplante-erdgasfernleitung

Philipps-Universität Marburg

Fachbereich Geographie

US Raumordnung & Raumplanung

Referenten: Benjamin Küster

WS 2006/2007

Datum: 13.12.2006

Raumordnungsverfahren anhand des Beispiels *„Geplante Erdgasfernleitung Lauterbach – Scheidt der Firma E.ON Ruhrgas AG, Essen"*

Gliederung:

1. Raumordnungsverfahren

1.1 Entstehung und Entwicklung des Raumordnungsverfahrens

Die Entwicklung des Raumordnungsverfahrens (im Folgenden ROV) vollzieht sich aus der Praxis der Raumordnung und Landesplanung. Bis 1957 gibt es verschiedene Durchführungserlasse in den einzelnen Bundesländern. Diese sind mit dem ROV vergleichbar.1957 wird die erste gesetzliche Regelung des ROV in Bayern, 1961 in Schleswig- Holstein und 1966 in Rheinland- Pfalz ins Leben gerufen.

Heute ist das ROV in allen Bundesländern, mit Ausnahme der Stadtstaaten Inhalt der Landesplanungsgesetze (HÖHNBERG 2005b; S. 885).

Bei bestimmten Projekten wird das ROV seit 1989 im Rahmenrecht des Bundes als § 6a im Raumordnungsgesetz verankert. Dies ist aufgrund einer EG- Richtlinie über die Durchführung von Umweltverträglichkeitsprüfungen von 1985 geschehen (HÖHNBERG 2005b; S. 486).

Wegen einer Neuregelung des BauROGs von 1998 wird der § 6a mit leichten Änderungen als § 15 ROG übernommen. Alle wesentlichen ROV- pflichtigen Vorhaben sind in der Raumordnungsverordnung von 1990 enthalten.

Das im ROV durchzuführende Prüfungsprogramm ist in § 15 Abs.1 S.2 ROG geregelt: „Die raumbedeutsamen Auswirkungen einer Maßnahme/ Planung eines Privaten oder öffentlichen Trägers sind unter überörtlichen, also nicht auf die Gemeinde bezogene, Gesichtspunkten auf die in den Grundsätzen der Raumordnung (§ 2 Abs.2 ROG) festgelegten Belange (auch Umweltbelange) zu prüfen (HÖHNBERG 2005b; S. 885).

1.2 Aufbau und Durchführung eines ROV

Das ROV ist ein wichtiges Instrument für landesplanerische Abstimmungen. Das ROV hat die Aufgabe, raumbedeutsame Vorhaben öffentlicher oder privater Träger auf Übereinstimmung mit den Erfordernissen der Raumordnung (z. B. Regionalplan) überörtlich zu prüfen (HÖHNBERG 2005b; S. 884). Eine koordinierende Ordnung unterschiedlicher Ansprüche an den Raum ist durch das ROV möglich (Goppel 2005; S. 564 f.).

Des Weiteren soll die raumordnerische Verträglichkeit eines Vorhabens vor den fachgesetzlichen zulassungsverfahren geklärt werden (Genehmigungs- und Planfeststellungsverfahren). Es kann daher als helfende Planung bezeichnet werden, da das ROV eine beratende Einflussnahme der Landes- oder Regionalplanung vor planerischer oder politischer Verfestigung eines Vorhabens mit sich bringt (Goppel 2005; S. 564 f.).

Das ROV wird durch die Landesplanungsbehörden durchgeführt. Dieses sind in den meisten Bundesländern die mittleren Verwaltungsebenen (zwischen Ministerial- Kreisverwaltung). In Hessen ist das Regierungspräsidium für die Durchführung des ROV verantwortlich.

Da die Landesplanungsbehörden eine Bündelungsfunktion besitzen, sind sie gut für den Ablauf des ROV geeignet (HÖHNBERG 2005a; S. 887).

Die oberste Landesplanungsbehörde führt ein ROV durch wenn ein Vorhaben für den Großteil eines Staatsgebietes Raumbedeutsam ist. Ein solches Verfahren kann auf Antrag oder auf Amtswegen eingeleitet werden. Es besteht allerdings kein Anspruch auf seine Durchführung (HÖHNBERG 2005a; S. 887).

Gegenstand der ROV sind meist raumbedeutsame Einzelvorhaben mit überörtlicher Bedeutung. In diesem Fall ist mit „raumbedeutsam" gemeint, dass ein Vorhaben Raum in Anspruch nimmt oder die räumliche Funktion, oder Entwicklung eines Gebiets beeinflusst. Mit „Überörtlich" ist gemeint, dass das Vorhaben welches über das Gebiet einer Gemeinde hinaus geht auch Auswirkungen auf andere Gemeinden hat (HÖHNBERG 2005b; S. 885 ff).

Anwendungsbereiche der ROV sind nach der Raumordnungsverordnung Vorhaben des Siedlungswesens, der Verkehrs, der Energieversorgung, der Entsorgung sowie der gewerblichen Wirtschaft.

Ein wichtiger Teil des ROV ist die Entscheidungsfindung. Diese wird durch ein ausführliches Anhörungsverfahren ermittelt. Ebenso sollen mögliche Alternativen geprüft werden. Zudem ist die Erhöhung der Objektivität einer Entscheidung Ziel der Entscheidungsfindung.

1.3 Ablauf des ROV

Das ROV folgt immer einem bestimmten Schema. Dieses ist im Anhang speziell für das Land Hessen zu finden.

Im ersten Schritt des ROV erhalten die beteiligten Stellen (Kommunen und Verbände) die notwendigen Unterlagen von der durchführenden Behörde. Dies können z. B. Lageskizzen und Darstellungen des Trassenverlaufs sein. In einigen Ländern ist zudem eine Antragskonferenz Pflicht, deren Aufgabe es ist Fragen hinsichtlich des Verfahrensgegenstandes und der Unterlagen zu klären.

Alle betroffenen Stellen haben die Möglichkeit zu dem jeweiligen Verfahren, innerhalb einer bestimmten Frist (meistens sechs Wochen), schriftlich Stellung zu nehmen. Die Stellungnahmen die auch von Privatpersonen abgegeben werden können, richten sich an die oberste Landesplanungsbehörde. Die Einbeziehung der Öffentlichkeit ist aus Gründen der Akzeptanz besonders wichtig. Vor allem bei Vorgaben mit erheblichen Auswirkungen auf die Umwelt.

In einem weiteren Schritt werden die Stellungnahmen von der durchführenden Stelle anhand der Planungsunterlagen geprüft. Manchmal können diese Prüfungen auch Gutachten und Kosten-Nutzen-Analysen mit einschließen.

Als nächstes kommt es zu einer sogenannten Erörterung bei der die Klärung von offenen Fragen im Vordergrund steht. Hierzu werden häufig Experten konsultiert.

Darauf folgt eine entgültige Prüfung anhand der Planungs- und Beurteilungsunterlagen, sowie anhand der landesplanerischen Ziele und Raumordnungsgrundsätze im Landesraumordnungsprogramm, im Landesentwicklungsplan und in den regionalen Raumordnungsplänen. Eine Beurteilung der Stellungnahmen schließt diesen Schritt des ROV ab.

Das ROV wird durch eine landesplanerische Beurteilung abgeschlossen. Diese hat die Aufgabe die Stellungnahmen und sonstigen Tatsachen, sowie die Erfordernisse der Raumordnung zu berücksichtigen. Das Endergebnis ist eine Beurteilung, ob das Vorhaben den Erfordernissen der Raumordnung entspricht. Außerdem stellt sie das Verfahren noch einmal nachvollziehbar dar. In den einzelnen Bundesländern gibt es für die landesplanerische Beurteilung unterschiedliche Namen. So wird sie in Hessen als „landesplanerische Stellungnahme", in Niedersachsen als „landesplanerische Feststellung" und in Baden-Württemberg, Saarland, Schleswig- Holstein und Nordrhein- Westfahlen als „raumordnerische Beurteilung" bezeichnet.

Zu der Wirkung des ROV ist zu sagen, dass es wegen seines ausschließlich gutachtehrlichem Charakters nur verwaltungsintern verbindlich ist. Z. B. bei der Genehmigung von Bauleitplänen. Ebenso ist es nicht unmittelbar, es besteht also kein gerichtlich durchsetzbarer Anspruch, da es keinen Verwaltungsakt darstellt. Zu erwähnen ist jedoch, dass ROV vom Planungsträger fast immer anerkannt wird. Um dieses zu Verdeutlichen ist im Folgenden ein Beispiel für die Relevanz des ROV aufgeführt. So ist die Genehmigung eines Kraftwerkes theoretisch denkbar, da das ROV nicht rechtskräftig ist, allerdings ist es realpolitisch schlecht denkbar wenn die landesplanerische Beurteilung aufgrund eines ROV negativ ausgefallen ist.

2. Beispiel: Geplante Erdgasfernleitung Lauterbach – Scheidt der Firma E.ON Ruhrgas AG, Essen

2.1 Einführung

Im Folgenden wird ein ROV am Beispiel der geplanten Erdgasleitung Lauterbach – Scheidt der Firma E.ON Ruhrgas AG, Essen dargestellt. Als Grundlage dieser Darstellung dient die landesplanerische Beurteilung des oben genannten ROV.

Das ROV gliedert sich in die Abschnitte:

A. Ergebnis

B. Verfahren

C. Raumordnerische Bewertung

D. Abweichungszulassung

E. Hinweise

2.1 Vorstellung des ROV

A. Ergebnis:

Im Ergebnis wird dem Vorhaben unter Maßgaben zugestimmt. Es stimmt also mit den Erfordernissen der Raumordnung überein.

Die landesplanerische Beurteilung und Zulassung der Abweichungen vom Regionalplan Mittelhessen 2001 gelten nur unter der Voraussetzung, dass bestimmte Maßgaben erfüllt werden. Hierzu ist eine genaue Erläuterung der Maßgaben aufgeführt. Diese betreffen verschiedene Probleme hinsichtlich betroffener Schutzgüter, Interessen Dritter und möglicher Alternativen. Es werden zum Beispiel eine Toleranzbreite des Trassenkorridors und zukünftige Uferrenaturierungen von Flüssen erwähnt. Ebenso soll die Beeinträchtigung der Infrastruktur möglichst gering gehalten werden. Die Maßgaben sind verpflichtend und bestimmen den genauen Umgang mit auftretenden Problemen.

B. Verfahren:

Antragsbegründung:

Die Firma E.ON Ruhrgas AG, Essen (im Folgenden E.ON) hat die Absicht ihr überregionales Erdgastransportsystem durch eine kapazitätsstarke Gastransportleitung von Lauterbach (Vogelsbergkreis) nach Scheidt (Rhein-Lahn-Kreis) zu erweitern.

Die Investitionskosten des Vorhabens, welches die Verlegung der Rohrleitung sowie Sreckenabsperrmaßnahmen umfasst werden in Höhe von 150 Mio. € von E.ON getragen.

Die Gesamtlänge der geplanten Leitung beträgt ca. 130 Km.

E.ON gibt an, dass die Leitung nötig ist, da Lücken im Transportnetz geschlossen werden sollen. Außerdem soll durch die Leitung der Erdgasbedarf in Hesse, Rheinland-Pfalz und Nordrhein-Westfalen gedeckt werden. Sie ist wichtig für den Import von Erdgas aus Russland und für den Export des Erdgases in den westeuropäischen Markt.

In den eingereichten Unterlagen werden alle Aspekte des geplanten Leitungsbaus erläutert. Des Weiteren werden mehrere Alternativvorschläge zu der Vorzugstrasse eingereicht und in der Antragsbegründung ausführlich beschrieben.

Verfahrensablauf:

Laut Raumordnungsverordnung ist bei einem solchen Vorhaben ein ROV durchzuführen.

Zweck des ROV ist die Feststellung, ob die raumbedeutsame Planungen mit den Erfordernissen der Raumordnung übereinstimmen und wie raumbedeutsame Planungen unter den Gesichtspunkten der Raumordnung aufeinander abgestimmt oder durchgeführt werden können (REGIERUNGSPRÄSIDIUM GIEßEN 2005, S. 5).

Die Prüfung soll, unter Berücksichtigung der Trassenalternativen, einen Trassenkorridor festlegen. Seine Toleranzbreite beträgt +/-100 m ab der Mittellinie.

Das ROV ist am 31.01.2005 eingeleitet auf Antrag der Firma E.ON worden.

In dem stattfindenden Anhörungsverfahren hatten die beteiligten Träger öffentlicher Belange und die betroffenen Privatpersonen die Möglichkeit ihre Stellungnahmen abzugeben. Das Vorhaben ist zwar vereinzelt abgelehnt wurden, größtenteils aber wurde dem Gesamtvorhaben aber zugestimmt und es wurden lediglich Anregungen zur Durchführung abgegeben. Wegen einer nachträglich eingereichten Alternativlösung wurde die Frist der Anhörung, die eigentlich am 21.05.2005 abgelaufen war, bis zum 29.08.2005 verlängert.

Am 29.06.2005 erfolgte ein Erörterungstermin mit der Möglichkeit einer erbeuten Stellungnahme der Betroffenen.

Nachdem die bearbeitende Behörde des Landes Rheinland-Pfalz am 12.08.2005 die Übereinstimmung des in ihrem Bezirk verlaufenden Trassenabschnitts mit den Erfordernissen der Raumordnung und Landesplanung feststellte, beschloss der Ausschuss für Regionalentwicklung, Infrastruktur, Wirtschaft und Beschäftigung am 06.09.2005 die Umsetzung der Vorlage.

Anhörung:

In der Anhörung hatten 134 betroffene Stellen die Möglichkeit eine Stellungnahme abzugeben, wovon 73 Stellen gebrauch gemacht haben. Davon fielen 57 Stellungnahmen positiv und lediglich 16 negativ für das Vorhaben aus. Um nicht alle betroffene Stellen zu nennen, haben wir sie in Gruppen zusammengefasst:

- Städte und Gemeinden
- Kreisausschüsse und Landräte
- Ämter und Ministerien
- Kirchen, Verbände und Vereine
- Industrie und Handelskammer
- Energieversorger und Stadtwerke
- Telekom und Post
- Bezirksnaturschutzgebiete

Die Stellungnahmen sind sehr detailliert dargestellt ausgeführt.

Als Beispiel wird hier eine Stellungnahme des Gemeindevorstandes Schöffengrund aufgeführt: „Es bestehen keine grundsätzlichen Bedenken gegen das Vorhaben. Feldwege, insbesondere mit bituminöser Befestigung, sollen nicht beeinträchtigt werden. Im Bereich nördlich von Niederwetz an der K 375 soll die neue Leitung möglichst dicht an der vorhandenen Erdgasleitung verlegt werden, um die Beeinträchtigung eines geplanten Baugebiets zu minimieren (REGIERUNGSPRÄSIDIUM GIEßEN 2005, S. 20).“

Erörterung:

In der landesplanerischen Beurteilung ist ein Gesprächsprotokoll des Erörterungstermins vom 29.06.2005 dargestellt. Zu diesem Termin waren Vertreter von Trägern öffentlicher Belange, des Vorhabensträger, der durchführenden Behörde des ROV und betroffene Privatpersonen anwesend. Es erfolgten eine erneute Stellungnahme sowie neue Anregungen und Bedenken zu problematischen Planungsabschnitten.

Ein solcher Erörterungstermin wird bei Projekten mit vielen involvierten Personen häufig durchgeführt, ist aber keine Pflicht. Der Vorteil eines Erörterungstermins besteht darin, dass ein Dialog zwischen allen Beteiligten zur Beseitigung von Unklarheiten, zur Erklärung der eigenen Stellungnahme und zur Erklärung der bevorzugten Alternativen führen kann. Ebenso werden Empfehlungen und Änderungen des Trassenverlaufs festgehalten.

C. Raumordnerische Berwertung:

Erforderlichkeit:

Zunächst prüft man in der raumordnerischen Bewertung inwieweit die Durchführung des Vorhabens notwendig ist. Der Vorhabensträger E.ON begründet die Erforderlichkeit des Baus mit vorwiegend wirtschaftlichen Argumenten. Durch die neue Leitung kann eine noch bestehende Lücke zwischen zwei Nord- Süd und Ost- West- Verbindungen geschlossen werden. Dies dient der Versorgung der Ballungsräume auf dieser Strecke, sowie der Durchleitung des russischen Erdgases, um dann weiter ins westlich gelegene Ausland transportiert zu werden. Zudem ist durch den Bau der Erdgasleitung eine effizientere Erdgasversorgung des mittel- und oberhessischen Raums sichergestellt.

Des Weiteren führt E.ON an, dass ein externer Transport des Gases in den Leitungen anderer Betreiber nicht möglich sei, da auch deren Kapazitäten ausgelastet seien.

Ein Ausbauverzicht bedeutete, dass der Bedarf regional und überregional nicht abdeckbar sei, da in Zukunft mit einer Bedarfssteigerung an Erdgas zu rechnen ist. Der Dauerhafte Betrieb sei zudem durch Bezugsverträge bis 2030 gesichert.

Ein weiteres Argument für den Bau der Leitung sieht E.ON durch die Arbeitsplatzsicherung in der Region Mittelhessen, sowie der Förderung des Baugewerbes gegeben.

Energiewirtschaftlich wird das Vorhaben vom hessischen Ministerium für Wirtschaft, Verkehr und Landesentwicklung begrüßt.

Aus Sicht der Behörde ist die Erforderlichkeit des Vorhabens daher insgesamt bejahrt worden.

Mensch, Siedlung, Landwirtschaft:

Auch wenn die Erforderlichkeit des Baus gegeben ist, werden die Belange der im Nahbereich der Vorgesehenen Trasse lebenden Menschen in vielfältiger Hinsicht beeinträchtigt. Vor allem Landwirte, welche von der Trasse durchquerte Felder bewirtschaften haben viele Nachteile.

Aufgrund der wirtschaftlich prekären Lage vieler Landwirte soll darauf geachtet werden, dass die wertvollen landwirtschaftlichen Flächen nach Möglichkeit umgangen werden. Die Landwirte sollen zudem frühzeitig über den Bau informiert werden.

Eine Beeinträchtigung der Infrastruktur und der Wasserversorgung (Quellen und Brunnen) sollen gering gehalten werden.

Das die Trasse häufig parallel zu einer bestehenden Leitung gebaut werden soll wird begrüßt.

Bebaute oder zur baulichen Nutzung vorgesehene Flächen wurden bei der Planung der Trasse weitestgehend umgangen. Dort wo dies unmöglich war, müssen bei der Feintrassierung im Einvernehmen mit den betroffenen Kommunen und Grundstückseigentümern vertretbare Lösungen gefunden werden.

Die eventuell entstehenden Werteverluste, die aufgrund des Vorhandenseins einer Erdgasleitung bei durchquerten Grundstücken auftreten, sollen zwischen Vorhabensträger und Grundstückseigentümer auf zivilrechtlichem Weg beseitigt werden.

Sicherheit:

Da die Erdgasfernleitung einige Ortslagen durchquert bzw. streift, haben das RP- Giessen Abteilung Umwelt und die Stadt Giessen auf das Unglück in Belgien 2004 hingewiesen. Bei diesem Unglück ist eine Erdgasleitung explodiert und hat mehrere Menschen das Leben gekostet. Zudem weisen sie auf die Sowieso II- Richtlinie hin und fordern eine Umplanung der Trassierung mit einem Mindestabstand von 300m von jeder Ortschaft, da plötzliche Gefahren, wie z. B. Explosionen, auftreten können.

Im Gegenzug wird jedoch darauf hingewiesen, dass es sich um bewährte Technologie handelt, die ständig weiterentwickelt wird. Ein Unglück ist daher eher gering.

Ein weiteres Argument gegen diese Forderung ist die dichte Besiedlung und das dichte Netz an Erdgasleitungen in Europa. Aufgrund dessen ist ein permanenter 300m- Abstand, vor allem in Verdichtungsräumen, geradezu unmöglich.

Das dieses Vorhaben eingestellt wird kommt nicht in Betracht. Die wirtschaftlichen und versorgungstechnischen Vorteile überwiegen einfach zu sehr.

Der Vorhabensträger hat darauf zu achten, dass alle Maßnahmen die zur Vermeidung von Unfällen notwendig sind, beachtet werden.

Die landesplanerische Beurteilung empfiehlt jedoch, die Trassierung soweit wie möglich von Wohngebieten und sonstigen schutzbedürftigen Gebieten (viel befahrene Verkehrswege) weit genug entfernt verlaufen zu lassen.

Tiere und Pflanzen:

Die Erdgasfernleitung durchquert zahlreiche Natur- und Landschaftsschutzgebiete, geschützte Biotope, sowie FFH- (Flora Fauna Habitat) und Vogelschutzgebiete. Da die Leitung jedoch eine beachtliche Länge aufweist, ist eine vollständige Vermeidung solcher Querungen quasi unmöglich.

Der landesplanerischen Beurteilung liegen verschiedene Varianten vor zu denen Stellung bezogen wird. Am Ende wird für die Vorzugstrasse plädiert.

Es wird im Weiteren darauf hingewiesen, bei der Feintrassierung ökologisch wertvolle Gebiete zu umgehen und den Arbeitsstreifen so zu legen, dass er möglichst mit den Belangen des Naturschutzes übereinstimmt.

Das ökologische Gleichgewicht soll bei dem Eingriff möglichst nicht gestört werden und zudem reversibel sein. Um eine völlige Renaturierung des Gebietes nach den Bau wird gebeten.

Nach Abschluss der Baumaßnahmen mit erfolgter Renaturierung und vorgenommener Ausgleichsmaßnahmen sei durch den laufenden Betrieb der Erdgasfernleitung mit keinen weiteren Einwirkungen auf die Flora und Fauna zu rechnen.

Landschaft und Erholung:

Durch die Renaturierungsmaßnahmen im Zuge ökologischer Belange sind die Auswirkungen auf das Landschaftsbild lokal begrenzt, wie zum Beispiel auf Waldschneisen.

Dennoch quert oder tangiert die geplante Trasse mehrere Landschaftsschutzgebiete und landschaftsprägende Einzelelemente wie Streuobstwiesen und bestimmte Baumbestände.

Bei der Feintrassierung soll darauf geachtet werden, dass prägende Einzelelemente umgangen werden. Da sich die Trassierung überwiegend an einer bestehenden Gasleitung und Hochspannungsleitungen orientiert, sind die Beeinträchtigungen minimal gehalten. Gewisse Beeinträchtigungen sind jedoch nicht völlig auszuschließen. Daher hat man beschlossen, dass nach den Baumaßnahmen der ursprüngliche Zustand wieder hergestellt, oder Ausgleichmaßnahmen vorgenommen werden.

Es ist zudem darauf zu achten während der gesamten Bauphase die Befahrung des Vulkanradweges mit seiner Funktion als touristischer Magnet der Region aufrecht zu erhalten.

Auch in Bezug auf das Landschaftsbild ist das Vorhaben mit den Belangen der Raumordnung vereinbar ist.

Wasser:

Die geplante Leitung quert die Lahn und mehrere kleine Fließgewässer. Auch hier ist zu beachten die Fließgewässer möglichst gering zu beeinträchtigen. Ein Vorteil ist die durch die Baumaßnahmen mögliche Renaturierung der bislang verrohten Bereiche.

Da das transportierte Gas ein nicht Wassergefährdender Stoff ist, ist auch keine Beeinträchtigung des Trinkwassers durch die Leitung, oder evtl. Gasaustritt zu erwarten.

Die Trasse quert ebenfalls mehrere Wasserschutzgebiete, was ein nicht zu unterschätzendes Problem darstellt, da durch Veränderung des Bodens aufgrund des Leitungsbaus die Bodeneigenschaften (Filter- und Speicherfähigkeiten) beeinträchtigt werden können und somit kontaminiertes Oberflächenwasser in das für die Trinkwassergewinnung genutztes Trinkwasser gelangen kann. Eine Durchquerung ist daher zu vermeiden. Wenn dies jedoch nicht eingehalten werden kann, müssen zumindest die Schutzgebietsverordnungen eingehalten werden. Zudem sollten immer Sicherheitsmaßnahmen getroffen werden.

Die Baumaßnahmen sind daher besonders schonend durchzuführen, zum Beispiel durch geeignete Baumaschinen.

Im Bereich Queckborn wird die Verlegung der Vorzugstrasse auf eine Alternativtrasse verlangt. Gemeinsam mit den Trägern öffentlicher Belange wurde diese Alternativtrasse erarbeitet. In diesem Gebiet hat die Trinkwassergewinnung nämlich eine überörtliche Bedeutung und muss daher geschützt werden.

Sofern alle Auflagen und Bestimmungen beachtet werden, ist das Vorhaben mit den Zielen der Raumordnung vereinbar.

Luft, Klima, Boden:

Durch ständige Kontrollen wie z. B. die Messung des Betriebsdrucks, sind Beeinträchtigungen der Luftqualität während des Betriebes der Leitung nicht zu erwarten. Lediglich durch die Baumaßnahmen sind räumlich und zeitlich eng begrenzte Beeinträchtigungen möglich. Südöstlich von Gießen durchquert die Trasse einen Bereich mit historisch wertvollen Archivböden, welche geschont werden sollen. Beim Bau der Trasse muss daher darauf geachtet werden, dass ein künftiger Abbau der Rohstoffe nicht unzumutbar erschwert oder unmöglich gemacht wird.

Kulturgüter:

Die Trasse verläuft überwiegend abseits oberirdisch gelegener Kulturgüter. Da sie jedoch Gebiete mit Bereichen mit bekannten oder vermuteter archäologischer Bedeutung verläuft, ist zu erwarten, dass es aufgrund der Baumaßnahmen zu archäologischen Funden kommt.

Von besonderer Bedeutung ist der Bereich des Weltkulturerbes „Obergermanischer Limes" in der Nähe von Pohlheim- Fernwald. Um irreversible Eingriffe in den archäologisch besonders sensiblen Nahbereich zu verhindern, ist der geforderte Mindestabstand von 250m zum Verlauf des Limes zwingend einzuhalten. Eine Variante, welche zu nah und parallel am Limes verlaufen sollte, ist nicht zulassungsfähig, da diese einen erheblichen Eingriff in das Schutzgut des Kulturgutes bedeutet.

Gesamtabwägung:

In der Gesamtabwägung werden die Ergebnisse der Bewertung der Auswirkungen des Verfahrens untereinander abzuwägen. Zudem müssen sie mit den Erfordernissen der Raumplanung und Landesplanung vereinbar sein (Hessisches Ministerium für Landesentwicklung, Wohnen Landwirtschaft, Forsten und Naturschutz 1991, S.16).

An dem Beispiel des Baus der E.ON Gasleitung kommt man in der Gesamtabwägung zu folgendem Ergebnis:

Durch den enormen Umfang des Vorhabens sind vielfach punktuelle Verletzungen unterschiedlicher Schutzgüter nicht zu verhindern. Häufig stehen Interessen Dritter der von dem Vorhabensträger favorisierten Trasse entgegen. Es ist darauf zu achten, dass diese Interessen bestmöglich berücksichtigt werden. Dies ist nur durch eine stetige Kompromissfindung zwischen der von E.ON favorisierten, möglichst linearen Verbindung und den Interessen von Trägern öffentlicher Belange, sowie betroffener privater Personen zu gewährleisten. Als äußerst lobenswert ist in diesem Zusammenhang die Vorplanung von Alternativen, die Güte der Planungsunterlagen, sowie die Kompromissbereitschaft seitens E.ON anzusehen.

In der Gesamtabwägung werden in Weiteren Schritten die verschiedenen Alternativen in bestimmten Bereichen mit Vor- und Nachteilen erläutert. Die jeweils bessere Alternative wird schließlich genannt. Dieser Vorgang wird nun am Beispiel Pohlheim- Fernwald vorgestellt.

Der Abschnitt der nun folgt bezieht sich auf die Detailkarte Blatt 08. Diese ist als Anlage beigefügt. Auf der Karte sind die raumordnerisch favorisierte Trasse (Raumordnungstrasse) und mögliche Alternativtrassen dargestellt. Laut der Gesamtabwägung ist die Umsetzung der

Vorzugstrasse möglich. Die Alternative V pf 1 ist aufgrund des oben genannten Schutzgutes Kulturgüter nicht geeignet. Sie hält den Mindestabstand von 250m zum Limes nicht ein.

Die Alternative V pf 2 bietet gegenüber der Vorzugstrasse keine bedeutenden Vorteile. Jedoch ist die nötige Querung der Ortslagen von Hausen und Garbenteich problematisch.

Die Alternative V pf 3 ist aufgrund des Naturschutzes abzulehnen. Wenn man die Karte betrachtet ist zu erkennen, dass die Raumordnungstrasse größtenteils parallel zu bereits vorhandenen Hochspannungsleitungen verläuft. Das große öffentliche Interesse an der Erdgasversorgung rechtfertigt das Vorhaben nach der landesplanerischen Feststellung. Die Betroffenen müssen daher die unvermeidbaren Eingriffe ob sie wollen oder nicht hinnehmen.

E.ON ist jedoch bestrebt diese Eingriffe möglichst gering zu halten.

In der Gesamtabwägung ist das Vorhaben mit den Erfordernissen der Raumordnung vereinbar.

<u>D. Abweichungszulassung:</u>

In der Abweichungszulassung wird erläutert, dass die Abweichungen vom Regionalplan 201 unter der Einhaltung der in A aufgeführten Maßgaben zulässig sind. Dies betrifft im Regionalplan anderweitig ausgewiesene Flächen. Die Vertretbarkeit der Zielabweichung ist zulässig, da sie unter raumordnerischen Gesichtspunkten, wie die vorangegangenen Darstellungen zeigen, die Grundzüge des Regionalplans nicht berührt, ergänzt oder verändert REGIERUNGSPRÄSIDIUM GIEßEN 2005, S. 67.

<u>E. Hinweise:</u>

In den Hinweisen steht, dass die landesplanerische Beurteilung die Ermittlung, Beschreibung und Bewertung der raumbedeutsamen Auswirkungen auf die Umwelt mit einschließt. Außerdem wird darauf hingewiesen, dass die Beurteilung nur so lange gilt, wie sich ihre Grundlagen nicht wesentlich verändern.

Die Kosten des Verfahrens hat der Antragsteller (E.ON) zu tragen.

Abschließend ist zu beachten, dass gegen diesen Bescheid innerhalb eines Monats nach Bekanntgabe Klage erhoben werden kann. Diese richtet sich gegen das Land Hessen, welches durch das Regierungspräsidium Gießen vertreten wird.

<u>**3. Fazit**</u>

Zur Bewertung eines ROV ist zu sagen, dass die Prüfung eines Vorhabens in solch einem frühen Stadium besonders sinnvoll ist. So können mögliche Alternativen gut berücksichtigt werden, da eine Planung noch nicht genau festgelegt ist.

Demgegenüber steht die häufig geäußerte Kritik, dass das ROV wirtschafts- und entwicklungshemmend ist. Allerdings ist auch zu beachten, dass es dem folgenden Planfestellungsverfahren eine Menge Arbeit erspart.

Trotz des hohen Aufwandes werden die gesetzlich vorgeschriebenen Fristen in der Regel eingehalten.

Durch die Einbeziehung der Öffentlichkeit ist es möglich einen Kompromiss zu finden mit dem meist alle Beteiligten leben können. Hierbei ist die Neutralität der durchführenden Behörde gegenüber der Beteiligten von hoher Bedeutung.

Das Beispiel des ROV zeigt, dass eine Kompromissbereitschaft aller Beteiligten sehr bedeutend ist, um die beste Alternative zu finden.

Es muss aber beachtet werden, dass das ROV keine Rechtwirkung hat und nur in den nachfolgenden Verfahren eine Berücksichtigung erfährt. So ist nie auszuschließen, dass die Erfahrungen des ROV dabei nicht genügend berücksichtigt werden.

Ein weiterer Punkt ist die zunehmende Tendenz in verstärktem Maße die Öffentlichkeit einzubeziehen. Denn dadurch werden die Verfahren für komplexere Projekte, besonders bei welchen von umweltpolitischer und sicherheitspolitischer Natur, einen großen Zeitraum einnehmen.

4. Literaturverzeichnis:

- ERBGUTH, W. (1979): Das Raumordnungsverfahren als förmliches Sicherungsmittel – ein Überblick. – in: Informationen zur Raumentwicklung. Band 1979. Heft 2/3. S.173-181.
- FROMMHOLD, G. (1979): Das Raumordnungsverfahren nach hessischem Landesplanungsrecht. – in: Informationen zur Raumentwicklung. Band 1979. Heft 2/3. S.127-139.
- GOPPEL, K. (2005): Landesplanung. – in: Handwörterbuch der Raumordnung. Akademie für Raumordnung und Landesplanung (Hrsg.). Hannover.
- HÖNBERG, U. (2005A): Instrumente zur Verwirklichung von Raumordnung und Landesplanung. – in: Handwörterbuch der Raumordnung. Akademie für Raumordnung und Landesplanung (Hrsg.). Hannover.
- HÖNBERG, U. (2005B): Raumordnungsverfahren. – in: Handwörterbuch der Raumordnung. Akademie für Raumordnung und Landesplanung (Hrsg.). Hannover.
- REGIERUNGSPRÄSIDIUM GIEßEN (2005): Raumordnungsverfahren, Geplante Erdgasfernleitung Lauterbach – Scheidt der Firma E.ON Ruhrgas AG, Essen - Landesplanerische Beurteilung, Zulassung der Abweichungen vom Regionalplan Mittelhessen 2001 (StANZ 2001, Nr. 25, S. 2109 ff.) und Maßgaben. Gießen.
- SPITZER, H. (1995): Einführung in die räumliche Planung. Stuttgart.

<u>Anhang</u>

Ablaufschema für ein Raumordnungsverfahren (Ro.Verf.)
gemäß § 11 Hessisches Landesplanungsgesetz (HLPG)

Prüfung der Erforderlichkeit des Raumordnungsverfahrens
für eine raumbedeutsame Planung oder sonstige Maßnahme gemäß § 8 Abs. 2 HLPG nach
Antrag des Planungsträgers (ggf. gemäß § 10 HLPG) oder von Amts wegen anhand der
Planungsunterlagen, der landesplanerischen Ziele sowie der Raumordnungsgrundsätze
durch die oberste Landesplanungsbehörde.

Eröffnung des Raumordnungsverfahrens
i.d.R. durch Delegation der Durchführung an eine von der obersten Landesplanungsbehörde
bestimmte Stelle (bisher stets der Regierungspräsident); in Ausnahmefällen kann die
oberste Landesplanungsbehörde selbst das Ro.Verf. durchführen (§ 11 Abs. 1 Satz 1 HLPG).

Einleitung des Raumordnungsverfahrens
und Aufforderung der in § 8 Abs. 2 HLPG genannten Stellen und anderer Planungsträger
(Behörden, Kommunale Gebietskörperschaften sowie sonstige öffentlich-rechtliche
Planungsträger u.a.m.) zur Stellungnahme aufgrund der zugeleiteten Planungsunterlagen.
Bei grenzüberschreitenden Planungen werden auch die betroffenen Nachbarländer beteiligt.

Stellungnahmen
der Beteiligten innerhalb einer bestimmten Frist. Stellungnahmen, die an die oberste Landesplanungsbehörde gehen, werden der durchführenden Stelle zugeleitet.

Erste Prüfung
der Stellungnahmen durch die durchführende Stelle anhand der Planungsunterlagen sowie
ggf. anhand von Gutachten, Kosten-Nutzen-Analysen, konkurrierenden Planungen und
Maßnahmen.

Anhörung / Erörterung
der Beteiligten zur Klärung offener oder strittiger Fragen, ggf. unter Heranziehung von
Experten. Erforderlichenfalls werden die Anhörung und Erörterung nach Beschaffung
benötigter Gutachten oder sonstiger Beurteilungsunterlagen und Stellungnahmen der Beteiligten hierzu wiederholt.

Endgültige Prüfung
der Anregungen und Bedenken anhand der Planungs- und der Beurteilungsunterlagen, anhand
der landesplanerischen Ziele und Raumordnungsgrundsätze im Hessischen Landesraumordnungsprogramm, im Landesentwicklungsplan und in den regionalen Raumordnungsplänen
durch die durchführende Stelle. Beurteilung nicht nur der Stellungnahmen der Beteiligten,
sondern u.U. auch Dritter (z.B. von Bürgern und Bürgervereinigungen).

Abschluß des Raumordnungsverfahrens
durch Abgabe einer landesplanerischen Stellungnahme über die Vereinbarkeit der raumbedeutsamen Planung oder sonstigen Maßnahme mit den Belangen der Landesplanung und
das Ergebnis der Abstimmung mit den betroffenen Planungsträgern (§ 11 Abs. 1 HLPG).

Wirkung des Raumordnungsverfahrens
Das Ro.Verf. wirkt wegen seines ausschließlich gutachtlichen Charakters nur verwaltungsintern verbindlich (z.B. bei der Genehmigung von Bauleitplänen gemäß § 1 Abs. 4 BBauG);
das Ergebnis ist nicht unmittelbar, sondern nur incidenter justitiabel, da es keinen Verwaltungsakt darstellt. – Sonstige Rechtsvorschriften über das Verfahren bei der Abstimmung
von raumbedeutsamen Planungen und Maßnahmen bleiben unberührt. Die nach diesen
Vorschriften erforderlichen Erlaubnisse, Genehmigungen, Bewilligungen oder sonstigen
Entscheidungen werden durch das Ro.Verf. nicht ersetzt (§ 11 Abs. 2 HLPG).